《最高人民法院关于审理侵犯专利权纠纷案件应用法律若干问题的解释(二)》

分析解读

钟晞鲲 王晓 著

知识产权出版社
全国百佳图书出版单位

图书在版编目（CIP）数据

《最高人民法院关于审理侵犯专利权纠纷案件应用法律若干问题的解释（二）》分析解读 / 钟晞鲲, 王晓著. — 北京：知识产权出版社, 2017.4
ISBN 978-7-5130-4867-5

Ⅰ.①最… Ⅱ.①钟… ②王… Ⅲ.①专利权-民事纠纷-案例-中国 Ⅳ.①D923.425

中国版本图书馆CIP数据核字（2017）第070950号

责任编辑：田 姝　　　　　责任出版：孙婷婷

《最高人民法院关于审理侵犯专利权纠纷案件应用法律若干问题的解释（二）》分析解读

Zuigaorenminfayuan Guanyu Shenli Qinfan Zhuanliquan Jiufen Anjian Yingyong Falü Ruogan Wenti De Jieshi（er）》Fenxi Jiedu

钟晞鲲　王　晓　著

出版发行：	知识产权出版社 有限责任公司	网　址：	http://www.ipph.cn	
电　话：	010-82004826		http://www.laichushu.com	
社　址：	北京市海淀区西外太平庄55号	邮　编：	100081	
责编电话：	010-82000860转8598	责编邮箱：	tianshu@cnipr.com	
发行电话：	010-82000860转8101/8029	发行传真：	010-82000893/82003279	
印　刷：	北京中献拓方科技发展有限公司	经　销：	各大网上书店、新华书店及相关专业书店	
开　本：	880mm×1230mm　1/32	印　张：	2	
版　次：	2017年4月第1版	印　次：	2017年4月第1次印刷	
字　数：	26千字	定　价：	18.00元	

ISBN 978-7-5130-4867-5

出版权专有　侵权必究
如有印装质量问题，本社负责调换。

前　言

《最高人民法院关于审理侵犯专利权纠纷案件应用法律若干问题的解释(二)》(以下简称《专利司法解释(二)》)是最高人民法院2016年颁布的一部极为重要的司法解释,其中不仅对"明确权利要求的诉讼阶段""裁定驳回起诉的具体条件"等操作层面的问题予以规范,还引入了"设计空间""必要专利"等法律概念,更制定了诸如"已支付合理对价取得的产品可以不停止使用、销售"等新规定,进一步拓展了原有专利制度的内涵。可以说,准确理解、把握《专利司法解释(二)》的条文和精神,对于法院今后正确处理专利侵权纠纷案件至关重要。

为此,笔者尝试对该解释的每一个条款进行解读,指出条款中最为重要的"关键词"并对其加以解释;指出适用条款时应注意的问题,力求释法准确;列明被引用条文或对照规定,便于适法时参阅。不当之处欢迎批评指正。

作者简介

钟晞鲲，1972年6月生，四川邛崃人，西南政法大学法学专业毕业，大学学历，法学学士学位。历任书记员、助审员、审判员、副庭长、庭长，长期从事知识产权审判工作。现任成都市中级人民法院成都知识产权审判庭副庭长，审判员，三级高级法官。

王晓，1981年1月生，四川成都人，西南政法大学法学专业、四川外国语学院英语专业毕业，大学学历，法学硕士学位。历任书记员、助审员、审判员、副庭长等职，长期从事知识产权案件审判工作，具有丰富的审判经验，6次被评为优秀公务员，荣立个人三等功1次。现任成都市中级人民法院审判员、四级高级法官。

第一条 权利要求书有两项以上权利要求的,权利人应当在起诉状中载明据以起诉被诉侵权人侵犯其专利权的权利要求。起诉状对此未记载或者记载不明的,人民法院应当要求权利人明确。经释明,权利人仍不予明确的,人民法院可以裁定驳回起诉。

关键词

1. **两项以上**:包括两项本身。《民法通则》第一百五十五条规定:"民法所称的'以上'……包括本数"。

2. **起诉状**:在立案时,法官应审查其起诉状是否明确记载了据以起诉被诉侵权人侵犯其专利权的权利要求。

应注意的问题

1. **关于起诉时明确权利要求与诉讼中变更权利要求的相互关系**。《专利司法解释(二)》出台前,司法实践以及已有的规定并未对权利人明确其权利要求作出时间上的硬性要求,权利人一般在开庭时明确即可。之前颁布的《最高人民法院关于审理侵犯专利权纠纷案件应用法律若干问题的解释》(以下简称《专利司法解释》)只是规定权利人在一审法庭辩论终结前可以变更其主张的权利要求。《专利司法解释(二)》则明确规定权利人明确其权利要求的时间为起诉时。可以看出,

《专利司法解释(二)》在权利要求固定的这个问题上起到了对《专利司法解释》补充完善的作用,前者规定了诉讼中首次明确权利要求的时间点为起诉之时,目的在于为接下来的被告提出有针对性的抗辩、法院确立审理方向打下基础,防止程序上出现诉讼突袭;后者则规定了权利人变更其主张权利要求的最后时限为法庭辩论终结前,给予经过庭审且认识到之前的选择有误的权利人一次纠错的机会,有利于实现裁判的实质正义。因此,二者是相互补充而非矛盾的关系。

2. 关于各项权利要求之间的逻辑关系及其对案件后续审理的影响。就权利要求书中各项权利之间的内在关系而言,专利权的基础即整体技术方案是独立权利要求;在独立权利要求基础上进一步细化、改进的技术方案为从属权利要求。无论是独立权利要求还是从属权利要求,均是一个能够独立存在且被实施的完整技术方案,分别代表了不同的专利保护范围。专利权人对待保护的权利要求做出不同的选择,可能会对随后的证据保全等程序事项以及审理方向等实体问题构成影响,因此专利权人应当在起诉之时就明确其待保护的权利要求。

3. 关于法院如何应对权利人"海选"的问题。司法实践中,专利权人可能会选择独立权利要求附加从属权利要求,即多项权利要求,有时甚至会选择全部权利要求来确定其专利的保护范围。此时,由于每一项权利要求都是一个完整的技术方案,权利人的"海选"行为必然会导致在一起专利案件中法院用以与被控产品进行比对的专利技术方案出现多个,出现专利保护边界变化不定的状况。权利人之所以会作出上述选择,很大可能是其对专利权的稳定性缺乏信心,但这种做法将会导致司法资源的极大浪费,既不严肃,也无必要,因为《专利司法解释》给予了权利人在法庭辩论终结前根据庭审情况更正其所选权利要求的机会。因此,在这种情况下,法院应基于专利权人对专利权的状态以及专利和被控产品技术较为了解的客观情况,充分引导,让其在权衡利弊后选择合适的权利要求;如果其拒不调整,法院应以保护范围最大的独立权利要求作为案件的比对依据。

相关条文

《专利司法解释》第一条第一款:"人民法院应当根据权利人主张的权利要求,依据专利法第五十九条第一款的规定确定专利权的保护范围。权利人在一审法庭辩论终结前变更其主张的权利要求的,人民法院应当准许。"

第二条 权利人在专利侵权诉讼中主张的权利要求被专利复审委员会宣告无效的，审理侵犯专利权纠纷案件的人民法院可以**裁定驳回**权利人基于该无效权利要求的**起诉**。

有证据证明宣告上述权利要求无效的决定被生效的行政判决撤销的，权利人可以另行起诉。

专利权人另行起诉的，诉讼时效期间从本条第二款所称行政判决书送达之日起计算。

关键词

1. **"无效"**强调的是权利人主张的权利要求被专利复审委员会初步认定无效，并非最终无效。即权利人可就专利复审委员会宣告无效的决定提起行政诉讼，进而撤销行政决定的效力。

2. **"裁定驳回……起诉"**说明司法解释将支撑权利人起诉的权利要求被无效的情形视为不符合受理的条件，从程序上予以驳回。

应注意的问题

1. **立法原意的理解问题**。本条规定的初衷是为了应对专利无效程序冗繁漫长而导致专利民事案件无止尽中止的问题,以及降低因专利无效导致民事案件再审的风险。因此,无论专利民事案件是处于已经中止还是继续审理的状态,一旦权利人主张的权利要求被专利复审委员会宣告无效,法院均可适用本条驳回起诉。

2. **驳回起诉的例外**。相较于驳回诉讼请求而言,驳回起诉具有全面驳回的效果,不能部分驳回,因此这里的驳回起诉仅限于当事人据以起诉的权利要求被全部无效的情形。在一件专利有多项独立权利要求的情况下,如果当事人主张被告实施了其两项以上的独立权利要求,但其中仅有部分独立权利要求被无效,法院则应继续审理。

3. **本条的适用范围问题**。本条第三款关于专利权人诉讼时效的规定同样适用于专利权被许可人作为原告的情形。

第三条 因明显违反专利法第二十六条第三款、第四款导致说明书无法用于解释权利要求,且不属于本解释第四条规定的情形,专利权因此**被请求**宣告无效的,审理侵犯专利权纠纷案件的人民法院一般应当裁定中止诉讼;在**合理期限**内专利权未被请求宣告无效的,人民法院可以根据权利要求的记载确定专利权的保护范围。

📋 **关键词**

1. **"请求"** 在这里有两层含义:首先,专利权仅是被他人请求宣告无效,并非已经被专利复审委员会宣告无效;其次,请求的对象是专利复审委员会而非法院,这意味着法院可以在当事人未申请中止的情况下根据专利无效程序的启动情况径行中止诉讼。

2. **"合理期限"** 在这里应作宽泛理解,主要是指法院经过了一定期限得出了被告不会请求宣告专利无效这样一个评估;由于法院基于"问题专利"作出侵权成立判决的风险较大,所以,在一般情况下,只要是法院裁决尚未作出,涉案专利如果被请求宣告无效,法院都可以中止诉讼。

❓ **应注意的问题**

1. **解释权利要求的依据**。说明书及附图虽是解释权利要求的主要和首要依据,但并非是唯一依据。司法实践中,在某些情况下,还可以根据相关权利要求、专利审查档案、工具书、教科书等依据进行解释。仅仅是无法用说明书解释并不必然导致《专利司法解释(二)》第三条的适用。

2. **本条"中止诉讼"的适用条件**。一是说明书在"清楚、完整的说明"技术方案,以使权利要求得到支撑上出现重大瑕疵，使得权利要求与说明书出现明显的矛盾或不一致，且该矛盾或不一致无法通过解释的手段加以解决；二是在法院实体裁判作出前，涉案专利权被请求宣告无效。

3. **法院主动释明的问题。**司法实践中，当发现《专利司法解释（二）》第三条规定的情形时，法院可以参考北京市高级人民法院《专利侵权判定指南》第十四条规定的做法，主动告知当事人可以通过专利无效宣告程序确定涉案专利的权利状态，而非被动等待。

相关条文

《专利法》第二十六条第三款："说明书应当对发明或者实用新型作出清楚、完整的说明，以所属技术领域的技术人员能够实现为准；必要的时候，应当有附图。摘要应当简要说明发明或者实用新型的技术要点。"

《专利法》第二十六条第四款："权利要求书应当以说明书为依据，清楚、简要地限定要求专利保护的范围。"

北京市高级人民法院《专利侵权判定指南》第十四条："权利要求与专利说明书出现不一致或者相互矛盾的，该专利不符合专利法第二十六条第四款的规定，告知当事人通过专利无效宣告程序解决。当事人启动专利无效宣告程序的，可以根据具体案情确定是否中止诉讼。当事人不愿通过专利无效程序解决,或者未在合理期限内提起专利权无效宣告请求的,应当按照专利权有效原则和权利要求优先原则,以权利要求限定的保护范围为准。但是所属领域的技术人员通过阅读权利要求书和说明书及附图,能够对实现要求保护的技术方案得出具体、确定、唯一的解释的,应当根据该解释来澄清或者修正权利要求中的错误表述。"

第四条 权利要求书、说明书及附图中的语法、文字、标点、图形、符号等存有歧义,但本领域普通技术人员通过阅读权利要求书、说明书及附图可以得出唯一理解的,人民法院应当根据该唯一理解予以认定。

关键词

1. 歧义:是指含义不明确,有两种以上可能性的解释。
2. 唯一:是指特定文字、符号等元素在脱离特定技术领域的情况下可能存在不同的解释,但在专利所涉及的特定技术领域中,普通技术人员对该元素的理解不存在歧义。

第五条 在人民法院确定专利权的保护范围时,独立权利要求的前序部分、特征部分以及从属权利要求的引用部分、限定部分记载的技术特征均有限定作用。

应注意的问题

1. 专利权的保护范围是从权利要求的第一个字至最后一个字的全部内容确定,而非仅仅是"特征部分"记载的内容。

2. 从属权利要求的引用部分的技术特征,体现在其所引用的权利要求中。

3. 实用新型专利中,权利要求中记载的材料、功能、效果、工艺等非实用新型保护客体的技术特征,对专利权的保护范围同样具有限定作用。

相关条文

《中华人民共和国专利法实施细则》(以下简称《专利法实施细则》)第二十条:"……独立权利要求应当从整体上反映发明或者实用新型的技术方案,记载解决技术问题的必要技术特征。从属权利要求应当用附加的技术特征,对引用的权利要求作进一步限定。"

《专利法实施细则》第二十一条:"发明或者实用新型的独

立权利要求应当包括前序部分和特征部分,按照下列规定撰写。(一)前序部分,写明要求保护的发明或者实用新型技术方案的主题名称和发明或者实用新型主题与最接近的现有技术共有的必要技术特征;(二)特征部分,使用'其特征是……'或者类似的用语,写明发明或者实用新型区别于最接近的现有技术的技术特征。这些特征和前序部分写明的特征合在一起,限定发明或者实用新型要求保护的范围。"

《专利法实施细则》第二十二条:"发明或者实用新型的从属权利要求应当包括引用部分和限定部分……"

第六条 人民法院可以运用与涉案专利存在**分案申请**关系的其他专利及其专利审查档案、生效的专利授权确权裁判文书解释涉案专利的权利要求。

专利审查档案,包括专利审查、复审、无效程序中专利申请人或者专利权人提交的书面材料,国务院专利行政部门及其专利复审委员会制作的审查意见通知书、会晤记录、口头审理记录、生效的专利复审请求审查决定书和专利权无效宣告请求审查决定书等。

📋 关键词

分案申请：一件专利申请包括不属于同一个总的发明构思的两项以上的发明、实用新型，或者不属于同一产品或同一类别且成套出售或使用的两项以上的外观设计的，申请人最迟应当在收到知识产权局作出授予专利权通知书之日起二个月内向国务院专利行政部门提起分案申请。

❓ 应注意的问题

1. **本条规定的目的**。是否应当分案是属于授权程序中国家知识产权局审查权限的内容，不是侵权案件受理法院的审理权限。本条是为了说明在侵权案件中确定权利要求保护范围时，除依据说明书及其附图进行解释外，还可以作为解释保护范围依据的其他文件范围。

2. **需要注意的是**，专利复审委员会作出的专利权部分维持有效的审查决定中，不会提供根据该部分有效决定重新改写的新权利要求书，需要根据该部分维持有效的决定自行分析、判断原权利要求书中的哪些权利要求已被无效、以及其被作为基础被直接或间接引用而进入不同形式的从属权利要求中。特别是在同时引用有两项以上在先权利要求的多重从属权利要求中同时涉及有被宣告无效和维持有效的权利要求时，更须仔细判断筛选。

相关条文

《专利法实施细则》第四十二条:"一件专利申请包括两项以上发明、实用新型或者外观设计的,申请人可以在本细则第五十四条第一款规定的期限届满前,向国务院专利行政部门提出分案申请……"

第七条 被诉侵权技术方案在包含封闭式组合物权利要求全部技术特征的基础上增加其他技术特征的,人民法院应当认定被诉侵权技术方案未落入专利权的保护范围,但该增加的技术特征属于**不可避免的常规数量杂质**的除外。

前款所称封闭式组合物权利要求,一般不包括中药组合物权利要求。

关键词

1. **封闭式组合物权利要求**。组合物中仅包括所指出的组分而排斥其他所有的组分,例如"由……组成""组成为""余量为"等。(与"封闭式"相对的是"开放式",含义是指除所列举的成分外,还允许含有未列出的其他成分。表述方式可有:"包括……""含有……""主要组成为……""基本组成为……"等。)

2. 不可避免的常规数量杂质:是指实施被诉侵权技术方案所必然产生的、通常含量的、特定种类的其他组分。

应注意的问题

1. **"封闭式"和"开放式"的适用领域。**根据国家知识产权局公布的《专利审查指南(2010)》,"封闭式"和"开放式"都是仅限于化学领域中权利要求的特殊表述方式,不宜扩大使用于其他技术领域,否则会出现不合理甚至荒诞的情况。

2. **未落入保护范围的例外。**《专利司法解释(二)》规定在封闭式组合物权利要求基础上增加其他技术特征的,除了"但书"规定的杂质外,均视为未落入专利的保护范围。相较于北京市高级人民法院《专利侵权判定指南》第三十八条关于"被诉侵权技术方案中新增加的技术特征对组合物的性质和技术效果未产生实质性影响或该特征属于不可避免的常规数量杂质的情况除外"的规定,《专利司法解释(二)》的上述规定更为严格,限缩了法官的自由裁量权。

3. **是否属于"不可避免的杂质",**取决于所涉杂质是由原料使用、工艺实施中自然且不可避免带入的,还是人为主动添加的。另外,有关杂质的"不可避免性""常规数量""种类特定",属于事实问题,应由专利权人承担举证责任。

4. 中药组合物权利要求例外的立法考量。中药的配伍关系及其对药效的影响,远比化学药物复杂和灵活,因此中药组合物权利要求被视为例外情形。最高人民法院在答记者问时也给出了解答:一是中药领域的组合物在作用方式、制作工艺、理化参数等方面皆与化学药物存在根本区别,不宜简单地套用《专利司法解释(二)》第七条第一款的解释规则;二是我国在中药领域具有独特优势,采取与化学药物组合物不同的权利要求解释规则,符合中药产业发展实际,有利于保护中药领域的创新、推动行业的发展。

相关条文

《专利审查指南(2010)》第二部分第十章第4.2.1节:"……封闭式则表示组合物中仅包括所指出的组分而排除所有其他的组分……封闭式,例如'由……组成''组成为''余量为'等,这些都表示要求保护的组合物由所指出的组分组成,没有别的组分,但可以带有杂质,该杂质只允许以通常的含量存在……"

北京市高级人民法院《专利侵权判定指南》第三十八条:"对于组合物的封闭式权利要求,被诉侵权技术方案在包含权利要求中的全部技术特征的基础上,又增加了新的技术特征的,则不落入专利权保护范围。但是,被诉侵权技术方案中新增加的技术特征对组合物的性质和技术效果未产生实质性影响或该特征属于不可避免的常规数量杂质的情况除外。"

第八条 功能性特征,是指对于结构、组分、步骤、条件或其之间的关系等,通过其在发明创造中所起的**功能或者效果**进行限定的技术特征,但本领域普通技术人员仅通过阅读权利要求即可直接、明确地确定实现上述功能或者效果的具体实施方式的除外。

与说明书及附图记载的实现前款所称功能或者效果不可缺少的技术特征相比,被诉侵权技术方案的相应技术特征是以基本相同的手段,实现相同的功能,达到相同的效果,且本领域普通技术人员在被诉侵权行为发生时无需经过创造性劳动就能够联想到的,人民法院应当认定该相应技术特征与功能性特征相同或者等同。

关键词

1. **功能或者效果**:就是功能性特征在权利要求中的表现形式。("功能、效果技术特征"是以"果"的方式表述导致其产生的"技术方案"之"因"的反向非直接表述,因而易导致其含义不清楚、不准确,特别是在"一果多因"的情况下,更增大了对与专利实际技术方案对应的"因"的判断难度和不确定性,会不合理地扩大保护范围。)

2. **"但"的暗含意思**在于,功能性特征要求所属领域的普通技术人员在阅读权利要求后只能了解到所要实现的特定功能或者效果,而无法确定具体的实施方式。如果特定的技术功能或者效果可与其实现的手段、措施等技术特征唯一对应,即便权利要求书中用功能或效果进行表述,也不构成功能性特征。

应注意的问题

1. **《专利审查指南(2010)》作出了不同的规定**。根据《专利审查指南(2010)》的规定,用功能或效果去表述技术特征的方式,只有在必须的情况下才能采用。首先,某一技术特征无法用结构等方式加以限定,或者用功能或效果来限定更好;其次,功能性特征必须得到说明书具体实施方式或惯常手段的验证。因此,**功能性特征一旦被写入权利要求,应当理解为覆盖了所有能够实现所述功能的实施方式。**

2. **功能性特征的比对方法**。根据《专利司法解释(二)》第八条第二款的规定,司法实践中在进行专利比对时,不能直接通过衡量功能或效果的方式来判断被诉方案中的特定技术特征与功能性特征之间的关系,而是应该通过专利说明书和附图,将功能性特征转化为能被唯一确定的结构、组分、步骤等方式表述的技术特征,再将之与被诉方案中的技术特征进行比较。简言之,实际能比对的还是将功能、效果内容转化为唯一对应的直接技术手段的"因",而不是用专利权利要求的"果"与被控物的"因"进行比对。

相关条文

《专利审查指南(2010)》第二部分第二章第3.2.1节:"对于权利要求中所包含的功能性限定的技术特征,应当理解为覆盖了所有能够实现所述功能的实施方式。"

第九条 被诉侵权技术方案**不能**适用于权利要求中**使用环境特征**所限定的使用环境的,人民法院应当认定被诉侵权技术方案未落入专利权的保护范围。

关键词

1. **使用环境特征**。权利要求中用来描述发明所适用的背景或者条件的技术特征,即权利要求技术方案所针对的使用环境(类似于用途)、技术实施时所必需的客观条件等。"使用环境特征",既可能是权利要求技术方案能被实施或实现的必要前提条件,也可能是对技术方案而言非必需的多余限定条件,但无论哪种情况,写入了权利要求,就都对保护范围有限缩作用(即特征越多范围越小),不存在"多余指定"或"非必要限定"的情况。

2. **不能**。不能适用于使用环境特征所描述的背景或者条件,必然未具备该使用环境特征,也即未落入专利的保护范围;能适用于使用环境特征所描述的背景或者条件,未必具备该使用环境特征。简言之,能适用于使用环境特征所描述的背景或条件是具备该使用环境特征的必要但不充分条件。

应注意的问题

一般而言,被诉侵权技术方案可以适用于使用环境特征所限定的使用环境的,即视为具备该使用环境特征,但如果本领域的普通技术人员在阅读该专利的权利要求书、说明书或专利审查档案后可以明确而合理地得知被保护对象必须适用于该使用环境的,那么该使用环境特征对专利保护范围的限定作用将会变大,而被诉侵权技术方案可以适用而非必然适用于环境特征所限定的使用环境的情况就没有落入专利的保护范围。这与北京市高级人民法院《专利侵权判定指南》第二十三条的规定有一定出入。

🔎 **相关条文**

北京市高级人民法院《专利侵权判定指南》第二十三条："被诉侵权技术方案可以适用于产品权利要求记载的使用环境的,应当认定被诉侵权技术方案具备了权利要求记载的使用环境特征,而不以被诉侵权技术方案实际使用该环境特征为前提。"

第十条 对于权利要求中以**制备方法**界定产品的技术特征,**被诉侵权产品的制备方法**与其不相同也不等同的,人民法院应当认定被诉侵权技术方案未落入专利权的保护范围。

📄 **关键词**

制备方法。当产品技术特征无法通过结构和参数特征进行表征时,允许借助方法特征予以表征;写入产品权利要求的制备方法,应当认定为该方法的实施必然导致产品产生特定的结构或组成,因此应当对专利的保护范围产生限定作用。

被诉侵权产品的制备方法。根据本条,当权利要求中出现了制备方法技术特征时,与其进行比较的不是被控产品,而是被控产品的制备方法,即方法与方法进行比较,因此不存在通过阅读说明书及附图将制备方法技术特征转化为结构或参数特征后再与被控产品进行比较的问题。

应注意的问题

1. 随着技术的发展,原来可能只有唯一方法制造的产品,现在可能会出现其他的制造方式。但无论如何,保护范围是仅由权利要求明确记载的制备方法限定。

2. 本条进一步强调了增加技术特征就会限缩保护范围,不存在"非必要限定"的情况。

第十一条 方法权利要求未明确记载技术步骤的先后顺序,但本领域普通技术人员阅读权利要求书、说明书及附图后**直接**、**明确**地认为该技术步骤应当按照特定顺序实施的,人民法院应当认定该步骤顺序对于专利权的保护范围具有限定作用。

关键词

直接、明确。技术步骤的先后顺序是本领域普通技术人员在阅读专利文件后能够清楚得知的。这些步骤顺序虽未记载在权利要求中,但对于发明目的的实现必不可少,故仍应属于构成范围的要素。

应注意的问题

注意发现隐藏的步骤顺序。在不同的方法中,操作步骤的顺序有的是非必须的,有些则是必须遵循的。方法权利要求无论是否对技术步骤的顺序予以记载,法院在审查时均应对"顺序"予以留意:有记载的依记载,无记载则需判断顺序是否隐藏在技术特征的背后。

相关条文

北京市高级人民法院《专利侵权判定指南》第十八条:"方法专利权利要求对步骤顺序有明确限定的,步骤本身以及步骤之间的顺序均应对专利权保护范围起到限定作用;方法专利权利要求对步骤顺序没有明确限定的,不应以此为由,不考虑步骤顺序对权利要求的限定作用,而应当结合说明书和附图、权利要求记载的整体技术方案、各个步骤之间的逻辑关系以及专利审查档案,从所属技术领域的普通技术人员的角度出发,确定各步骤是否应当按照特定的顺序实施。"

第十二条 权利要求采用"至少""不超过"等用语对数值特征进行界定,且本领域普通技术人员阅读权利要求书、说明书及附图后认为专利技术方案**特别强调**该用语对技术特征的限定作用,权利人主张与其不相同的数值特征属于等同特征的,人民法院不予支持。

关键词

特别强调。形式上,看权利要求书的其他部分、说明书及附图有没有直接或间接地指出、提示或说明该数值特征及其限定用语;实质上,看该数值特征及其限定用语是否对实现特定功能或效果具有关键作用,比如说明书中同时提供了在与不在该数值特征范围的试验数据进行对比。

应注意的问题

"至少""不超过"对专利保护范围的影响。根据该条解释,司法实践中,当权利要求书中出现了"至少""不超过"等用语时,应对专利的保护范围产生限定作用,但并不必然导致将不相同的数值特征排除在"等同"的范围之外,除非能够查明该用语具有特别重要的限定作用。

第十三条 权利人证明专利申请人、专利权人在专利授权确权程序中对权利要求书、说明书及附图的限缩性修改或者陈述**被明确否定**的,人民法院应当认定该修改或者陈述未导致技术方案的放弃。

关键词

被明确否定。主要是指这种限缩性修改或者陈述违反了《专利法》第三十三条规定的情形,致使所属技术人员看到的信息与原申请记载的信息不同,而且又不能从原申请记载的信息中直接地、毫无疑义地确定。那么,这种修改是不会被允许的。

应注意的问题

1. 禁止反悔原则适用的关键。禁止反悔原则主要禁止权利人在专利侵权诉讼中将在专利授权、确权程序中为获得授权或维持权利而放弃的技术特征或方案(限缩专利的保护范围)重新以等同的方式纳入专利的保护范围,以防止权利人**"两头得利"**。因此,禁止反悔原则能否适用关键在于"限缩性修改或者陈述"在克服专利授权的实质性缺陷上是否起作用,而不仅仅从表面上看上述"限缩性修改或者陈述"有没有被记录在法律文件上。

2. 实质性缺陷。缺乏新颖性或创造性、缺少必要技术特征和权利要求,得不到说明书的支持以及说明书未充分公开等。

相关条文

《专利法》第三十三条:"申请人可以对其专利申请文件进行修改,但是,对发明和实用新型专利申请文件的修改不得超出原说明书和权利要求书记载的范围,对外观设计专利申请文件的修改不得超出原图片或者照片表示的范围。"

《专利审查指南(2010)》第二部分第八章第5.2.3节:"作为一个原则,凡是对说明书(及其附图)和权利要求书作出不符合专利法第三十三条规定的修改,均是不允许的。具体地说,如果申请的内容通过增加、改变和/或删除其中的一部分,致使所属技术领域的技术人员看到的信息与原申请记载的信息不同,而且又不能从原申请记载的信息中直接地、毫无疑义地确定,那么,这种修改就是不允许的。"

北京市高级人民法院《专利侵权判定指南》第58条:"专利申请人或专利权人限制或者部分放弃的保护范围,应当是基于克服缺乏新颖性或创造性、缺少必要技术特征和权利要求得不到说明书的支持以及说明书未充分公开等不能获得授权的实质性缺陷的需要。"

第十四条 人民法院在认定一般消费者对于外观设计所具有的知识水平和认知能力时,一般应当考虑被诉侵权行为发生时授权外观设计所属相同或者相近种类产品的**设计空间**。设计空间较大的,人民法院可以认定一般消费者通常不容易注意到不同设计之间的较小区别;设计空间较小的,人民法院可以认定一般消费者通常更容易注意到不同设计之间的较小区别。

📋 **关键词**

设计空间。外观设计专利所属产品种类在剔除产品因实现特定功能或技术效果而必然具备的形状、图案、色彩等外观元素后,所剩下的为增添产品美学价值而可以对产品外观予以自由设计的余地。

❓ **应注意的问题**

设计空间属于事实问题。设计空间的大小,与特定功能或技术效果相关的外观元素的多少呈反比。因此,说明哪些外观元素是由功能或技术效果所决定的,属于事实上的问题。司法实践中,被告可能会主张涉案外观设计专利的设计空间较小,因此被告就负有说明及证明与功能或技术效果有关的外观元素的义务。

第十五条 对于成套产品的外观设计专利,被诉侵权设计与其一项外观设计相同或者近似的,人民法院应当认定被诉侵权设计落入专利权的保护范围。

关键词

成套产品。由两件以上(含两件)属于同一大类、各自独立的产品组成,各产品的设计构思相同,其中每一件产品具有独立的使用价值,而各件产品组合在一起又能体现出其组合使用价值的产品,例如由咖啡杯、咖啡壶、牛奶壶和糖罐组成的咖啡器具。成套产品往往是成套出售、成套使用。

应注意的问题

成套产品的整体外观设计构成专利权的保护范围;成套产品中的每一件产品的外观设计也可以单独得到保护。

相关条文

《专利法》第三十一条第二款:"一件外观设计专利申请应当限于一项外观设计。同一产品两项以上的相似外观设计,或者用于同一类别并且成套出售或者使用的产品的两项以上外观设计,可以作为一件申请提出。"

《专利审查指南(2010)》第一部分第三章第9.2节:"专利

法实施细则第三十五条第二款规定,用于同一类别并且成套出售或者使用的产品并且具有相同设计构思的两项以上外观设计,可以作为一件申请提出。成套产品是指由两件以上(含两件)属于同一大类、各自独立的产品组成,各产品的设计构思相同,其中每一件产品具有独立的使用价值,而各件产品组合在一起又能体现出其组合使用价值的产品,例如由咖啡杯、咖啡壶、牛奶壶和糖罐组成的咖啡器具。"

北京市高级人民法院《专利侵权判定指南》第六十九条:"成套产品的整体外观设计与组成该成套产品的每一件外观设计均已显示在该外观设计专利文件的图片或者照片中的,其权利保护范围由组成该成套产品的每一件产品的外观设计或者该成套产品的整体外观设计确定。"

第十六条 对于组装关系唯一的**组件产品**的外观设计专利,被诉侵权设计与其组合状态下的外观设计相同或者近似的,人民法院应当认定被诉侵权设计落入专利权的保护范围。

对于各构件之间无组装关系或者组装关系不唯一的组件产品的外观设计专利,被诉侵权设计与其全部单个构件的外观设计均相同或者近似的,人民法院应当认定被诉侵权设计落入专利权的保护范围;被诉侵权设计缺少其单个构件的外观设计或者与之不相同也不近似的,人民法院应当认定被诉侵权设计未落入专利权的保护范围。

关键词

组件产品,是指由多个构件相结合构成的一件产品,其组装关系的类型可分为:无组装关系,如象棋;组装关系唯一,如电热水壶与底座的关系;组装关系不唯一,如可拼接的幼儿玩具。

应注意的问题

组件产品外观设计专利的保护范围的确定,根据其组装类型的不同,可分为:组装关系唯一的,以组合状态下的整体外观设计为保护对象;无组装关系或者组装关系不唯一的,其保护范围由各个构件的外观设计共同确定,缺一不可。

相关条文

《专利审查指南(2010)》第四部分第五章第5.2.5.1节:"组件产品,是指由多个构件相结合构成的一件产品。对于组装关系唯一的组件产品,例如,由水壶和加热底座组成的电热开水壶组件产品,在购买和使用这类产品时,一般消费者会对各构件组合后的电热开水壶的整体外观设计留下印象;由榨汁杯、刨冰杯与底座组成的榨汁刨冰机,在购买和使用这类产品时,一般消费者会对榨汁机与底座组合后的榨汁机、刨冰杯与底座组合后的刨冰机的整体外观设计留下印象,所以,应当以上述组合状态下的整体外观设计为对象,而不是以所有单个构件的外观为对象进行判断。

对于组装关系不唯一的组件产品,例如插接组件玩具产品,在购买和插接这类产品的过程中,一般消费者会对单个构件的外观留下印象,所以,应当以插接组件的所有单个构件的外观为对象,而不是以插接后的整体的外观设计为对象进行判断。对于各构件之间无组装关系的组件产品,例如扑克牌、象棋棋子等组件产品,在购买和使用这类产品的过程中,一般消费者会对单个构件的外观留下印象,所以,应当以所有单个构件的外观为对象进行判断。"

第十七条 对于变化状态产品的外观设计专利,被诉侵权设计与变化状态图所示各种使用状态下的外观设计均相同或者近似的,人民法院应当认定被诉侵权设计落入专利权的保护范围;被诉侵权设计缺少其一种使用状态下的外观设计或者与之不相同也不近似的,人民法院应当认定被诉侵权设计未落入专利权的保护范围。

关键词

变化状态产品:是指在销售和使用时呈现不同状态的产品,如雨伞、折叠式家具等。

应注意的问题

变化状态产品外观设计专利的保护范围由产品各种使用状态的外观设计共同确定。

相关条文

《专利审查指南(2010)》第四部分第五章第5.2.5.2节:"变化状态产品,是指在销售和使用时呈现不同状态的产品。对于对比设计而言,所述产品在不同状态下的外观设计均可用作与涉案专利进行比较的对象。对于涉案专利而言,应当以其使用状态所示的外观设计作为与对比设计进行比较的对象,其判断结论取决于对产品各种使用状态的外观设计的综合考虑。"

第十八条　权利人依据专利法第十三条诉请在发明专利申请公布日至授权公告日期间**实施该发明**的单位或者个人支付适当费用的,人民法院可以**参照**有关专利许可使用费合理确定。

发明专利申请公布时申请人请求保护的范围与发明专利公告授权时的专利权保护范围不一致,被诉技术方案**均落入**上述两种范围的,人民法院应当认定被告在前款所称期间内实施了该发明;被诉技术方案仅落入其中一种范围的,人民法院应当认定被告在前款所称期间内未实施该发明。

发明专利公告授权后,未经专利权人许可,为生产经营目的使用、许诺销售、销售在本条第一款所称期间内已由他人制造、销售、进口的产品,且该他人已支付或者书面承诺支付专利法第十三条规定的适当费用的,对于权利人关于上述使用、许诺销售、销售行为侵犯专利权的主张,人民法院不予支持。

关键词

1. **实施该发明**。对其实施行为的判定,可以参照适用有关专利侵权的法律规定。

2. **参照**。不是依照,只是将许可使用费作为确定"适当费用"的一个参考因素。

3. 均落入。一方面,临时保护期内被告所实施的技术应属于或包含将要被授予专利权的技术方案,这是"适当费用"收取的前提,因此被控技术需要落入授权时确定的专利保护范围;另一方面,法律之所以确定临时保护期,并规定"适当费用",主要是考虑到发明专利申请从公布到授权所需时间较长,不排除他人基于公布的技术进行实施,因此应向实施人收取"适当费用",对申请人方为公平,故所实施的被控技术也应落入申请公布时申请人请求保护的范围。

应注意的问题

1. **"适当费用"的确定**。司法实践中,法院在确定"适当费用"时,应参照而非依照专利的许可使用费予以确定。同时,上述许可使用费应体现专利权人与被许可人的真实意思,并已实际履行。

2. **是否给予发明专利临时保护的前置审查**。法院在审查涉案专利的临时保护期内的实施情况时,应当要求专利权人提交涉案专利申请公布时的专利文件,以确定其保护范围与授权后的保护范围是否一致。

3. **专利权用尽原则的延伸**。该条第三款的规定,应看作是专利权用尽原则在临时保护期内的延伸,即保护他人使用、许诺销售、销售已进入市场流通的合法产品的自由;而临时保护期内实施发明所诞生的产品是否合法,以"适当费用"的支付或承诺支付为前提。这个事实的证明责任,应由被控侵权者承担。

相关条文

《专利法》第十三条:"发明专利申请公布后,申请人可以要求实施其发明的单位或者个人支付适当的费用。"

北京市高级人民法院《专利侵权判定指南》第八十八条:"发明专利公开日以及实用新型、外观设计授权公告日之前的实施行为,不属于侵犯专利权的行为。

在发明专利公开日至授权公告日之间,即发明专利权的临时保护期内,实施该发明的单位或者个人应当向权利人支付适当的使用费。对其实施行为的判定,可以参照适用有关专利侵权的法律规定。

专利申请日时申请人请求保护的范围与专利公告授权时的专利权保护范围不一致,被诉侵权技术方案均落入上述两个保护范围的,应当认定被诉侵权人在临时保护期内实施了该发明。被诉侵权技术方案仅落入其中一个保护范围的,应当认定被诉侵权人在临时保护期内未实施该发明。"

第十九条 产品买卖合同依法成立的,人民法院应当认定属于专利法第十一条规定的销售。

关键词

成立。双方就买卖商品达成了一致的意思表示,并依照合同法的有关规定,满足一般合同成立的要件。

应注意的问题

销售成立的标准。判断销售成立的标准是双方是否达成一致的意思表示,以及《合同法》规定的一般合同成立的要件,而非产品所有权的实际转移。同时,从本条可以更明显看出销售与许诺销售的区别——前者是双方达成产品买卖的合意,后者只是卖方单方面作出销售的意思表示。

相关条文

北京市高级人民法院《专利侵权判定指南》第九十六条:"销售专利产品,是指将落入专利权保护范围的被诉侵权产品的所有权、或者依照专利方法直接制得的产品的所有权、或者将含有外观设计专利的产品的所有权从卖方**有偿转移到买方**。"

第二十条 对于将依照专利方法直接获得的产品进一步加工、处理而获得的后续产品,进行再加工、处理的,人民法院应当认定不属于专利法第十一条规定的"使用依照该专利方法直接获得的产品"。

关键词

进一步加工、处理。进一步加工、处理的对象是依照专利方法直接获得的产品,因此对于此类产品的第一次加工、处理,应属于《专利法》第十一条规定的使用依照该专利方法直接获得的产品的行为。

应注意的问题

1. **"使用"仅限"第一次加工、处理"**。对依照专利方法直接获得的产品予以加工、处理,以获得后续产品,这个过程构成《专利法》意义上的"使用";同时,后续产品已经在结构上或物理化学特性上产生变化,不再属于上述使用专利方法所获得的产品,因此再次对其进行加工、处理,不再构成《专利法》意义上的"使用"。

2. **本条规定的情形应同样适用于产品专利**。即对于专利产品进一步加工、处理而获得的后续产品,进行再加工、处理的,人民法院应当认定不属于《专利法》第十一条规定的使用专利产品的行为。

相关条文

《专利司法解释》第十三条:"对于使用专利方法获得的原始产品,人民法院应当认定为专利法第十一条规定的依照专利方法直接获得的产品。

对于将上述原始产品进一步加工、处理而获得后续产品的行为,人民法院应当认定属于专利法第十一条规定的使用依照该专利方法直接获得的产品。"

北京市高级人民法院《专利侵权判定指南》第一百零一条:"依照专利方法直接获得的产品,是指将原材料、物品按照方法专利权利要求记载的全部步骤特征进行处理加工,使得原材料、物品在结构上或物理化学特性上产生明显变化后所获得的原始产品。

将上述原始产品进一步加工、处理而获得的后续产品,即以该原始产品作为中间部件或原材料,加工、处理成为其他的后续产品,应当认定属于使用依照该专利方法直接获得的产品。**对该后续产品的进一步加工、处理,不属于使用依照该专利方法所直接获得的产品的行为。**"

第二十一条　明知有关产品系专门用于实施专利的材料、设备、零部件、中间物等,未经专利权人许可,为生产经营目的将该产品**提供给他人**实施了侵犯专利权的行为,权利人主张该提供者的行为属于侵权责任法第九条规定的帮助他人实施侵权行为的,人民法院应予支持。

　　明知有关产品、方法被授予专利权,未经专利权人许可,为生产经营目的积极诱导他人实施了侵犯专利权的行为,权利人主张该诱导者的行为属于侵权责任法第九条规定的教唆他人实施侵权行为的,人民法院应予支持。

关键词

　　1. **明知**。这里的明知应是对提供给他人的材料、设备、零部件、中间物等"有关产品"用途的明知。

　　2. **专门**:是指除了用于实施专利不存在其他用途。

　　3. **明知+专门+提供给他人**=故意帮助他人实施专利侵权。

应注意的问题

　　1. 司法实践中,能够帮助他人实施专利的"工具"的认定问题。这里所说的"工具"不限于产品,向他人提供专门用来实施专利的图纸、模型、数据等技术资料,同样构成帮助侵权。

需注意的是,本条的两款规定均限定了一个条件,即"为生产经营目的"。换言之,似乎只有"为生产经营目的"的教唆、帮助行为才能构成专利间接侵权行为。这种规定是值得商榷的,因为间接侵权行为是以直接侵权行为成立为前提,间接侵权行为的后果也实际体现在直接侵权行为实施的后果中,由于专利的直接侵权行为必然是"为生产经营目的"的工商业经营行为,无论间接行为是否是"为生产经营目的",只要其促成了直接侵权行为的产生,就一定会损害专利权人的经济利益,故对间接侵权行为再加以"为生产经营目的"的限定实无必要;更为重要的是,从知识产权法的原理上讲,间接侵权人在主观上需存在过错,即明知不可为而为之,从而促进了直接侵权行为的产生,进而成为法律规制的"侵权土壤",这才是间接侵权最为核心的要件。至于其是否"为生产经营目的"则应在所不问。因此,本条有不当缩小教唆、帮助侵权行为范围之嫌。

相关条文

《中华人民共和国侵权责任法》第九条:"教唆、帮助他人实施侵权行为的,应当与行为人承担连带责任。"

第二十二条 对于被诉侵权人主张的现有技术抗辩或者现有设计抗辩,人民法院应当依照专利申请日时施行的专利法界定现有技术或者现有设计。

应注意的问题

1. 需要注意的是,这里用以界定现有技术或现有设计的专利法**应以涉案专利申请日而非被控侵权行为实施日**作为时间点进行确定。这主要考虑到现有技术或现有设计同时涉及对专利新颖性的评价问题,属于专利授权问题的范畴。根据本条规定,法院在专利侵权诉讼中以专利申请日施行的专利法来界定现有技术或现有设计,有利于司法认定与知识产权局在授权时对专利新颖性的评价保持一致。另外,还有一个可能的原因是,在2008年《专利法》修正以后,现有技术的范围被扩大了,将"在国外公开使用过或其他方式为公众所知"纳入现有技术的范围。这样导致的后果是,依据涉案专利申请日实施的专利法不被视为现有技术的情形,有可能被被控侵权行为实施日的专利法界定为现有技术,进而变相缩小了专利的保护范围。

2. 本条规定明确了侵权诉讼与专利授权、确权时的现有技术或现有设计的范围应保持一致,以解决当涉案专利权的有效期同时跨越了两个或更多专利法修改版本时,对现有技术和现有设计的法律适用问题。

🔍 **相关条文**

《专利法》(1984)第二十二条:"新颖性,是指在申请日以前没有同样的发明或者实用新型**在国内外出版物上公开发表过、在国内公开使用过或者以其他方式为公众所知**,也没有同样的发明或者实用新型由他人向专利局提出过申请并且记载在申请日以后公布的专利申请文件中。"

《专利法》(2008)第二十二条第二款:"新颖性,是指该发明或者实用新型不属于现有技术;也没有任何单位或者个人就同样的发明或者实用新型在申请日以前向国务院专利行政部门提出过申请,并记载在申请日以后公布的专利申请文件或者公告的专利文件中。"

《专利法》(2008)第二十二条第五款:"本法所称现有技术,是指申请日以前在**国内外为公众所知**的技术。"

第二十三条 被诉侵权技术方案或者外观设计落入在先的涉案专利权的保护范围,被诉侵权人以其技术方案或者外观设计被授予专利权为由抗辩不侵犯涉案专利权的，人民法院不予支持。

应注意的问题

"两个专利权打架"，以在先专利为准，不考虑在后专利，即保护在先权利。但是，如果在后外观设计专利在无效程序中被维持有效，则应当成为限缩在先外观设计专利权保护范围的依据。两者之间的**明显区别设计**，应可以成为判断被控产品是否落入在先专利保护范围的依据。

第二十四条 推荐性国家、行业或者地方标准明示所涉必要专利的信息，被诉侵权人以实施该标准无需专利权人许可为由抗辩不侵犯该专利权的，人民法院一般不予支持。

推荐性国家、行业或者地方标准明示所涉必要专利的信息，专利权人、被诉侵权人协商该专利的实施许可条件时，专利权人故意违反其在标准制定中承诺的**公平**、**合理**、**无歧视**的许可义务，导致无法达成专利实施许可合同，且被诉侵权人在协商中无明显过错的，对于权利人请求停止标准实施行为的主张,人民法院一般不予支持。

本条第二款所称实施许可条件,应当由专利权人、被诉侵权人协商确定。经充分协商,仍无法达成一致的,可以请求人民法院确定。人民法院在确定上述实施许可条件时,应当根据公平、合理、无歧视的原则,综合考虑专利的创新程度及其在标准中的作用、标准所属的技术领域、标准的性质、标准实施的范围和相关的许可条件等因素。

法律、行政法规对实施标准中的专利另有规定的,从其规定。

关键词

1. **推荐性国家、行业或者地方标准**:又称为非强制性标准或自愿性标准,任何单位均有权决定是否采用。违犯这类标准,不产生经济或法律方面的责任。

2. **必要专利**:又称为标准必要专利,是指不可避免地会被纳入标准的专利。专利权人在参与这些标准的制定过程中,承诺在公平、合理、无歧视的原则下与该标准的实施者达成使用标准所包含专利技术的许可合同。

3. **公平**:强调许可方与被许可方在缔结许可合同、确定合同内容时,应确保双方的利益均衡。权利人不得利用自己掌握专利权和技术的优势地位,迫使被许可方签订双方权利义务明显不对等的许可合同。

4. **合理**:即许可使用费的标准应合理,即费用的高低应与专利本身的价值、专利在标准中所起的作用以及许可使用的范围相适应;许可使用的范围应满足实施标准的需要。(参照当然许可制度,标准必要专利的许可方式一般应为普通许可。)

5. **无歧视**:即对所有被许可者均一视同仁,不得实施区别对待。

6. **明显过错**:即缔约过错,如恶意磋商、故意隐瞒重要事实等在缔约中存在明显违背诚实信用原则的行为。

应注意的问题

1. **对标准必要专利侵权认定的前置审查**。人民法院在判定被许可人是否承担停止侵权的民事责任时,除了侵权成立这一要素之外,还应考虑双方就标准必要专利的许可使用是否进行过协商、协商的情况如何等情节。

2. **协商的时间问题**。虽然该款并未限定协商的具体时间,但根据第一款规定的精神,即标准明示所涉必要专利的信息并不意味着给予所涉专利的实施许可,因此第二款规定的专利权人与实施者之间的协商只能开始于纠纷前,不能发生在纠纷后,即专利权人提起的诉讼促使被告与其进行协商。

3. 人民法院在被请求确定实施许可条件时,应基于公平、合理、无歧视的原则,主要是**站在满足实施标准的角度**,合理确定专利许可使用的地域、时间范围;综合考虑专利的创新程度及其在标准中的作用、标准所属的技术领域、标准的性质、标准实施的范围等因素,**酌情确定**许可使用的费用标准。

4. 需要注意的是,由于标准面对的是不特定多人,在无歧视原则的要求下,标准必要专利的许可方式一般应为**普通许可**。

相关条文

《专利法修订草案(送审稿)》第八十五条(新增):"参与国家标准制定的专利权人在标准制定过程中不披露其拥有的标准必要专利的,视为其许可该标准的实施者使用其专利技术。许可使用费由双方协商;双方不能达成协议的,可以请求国务院专利行政部门裁决。当事人对裁决不服的,可以自收到通知之日起十五日内向人民法院起诉。"

第二十五条 为生产经营目的使用、许诺销售或者销售不知道是未经专利权人许可而制造并售出的专利侵权产品,且举证证明该产品合法来源的,对于权利人请求停止上述使用、许诺销售、销售行为的主张,人民法院应予支持,但被诉侵权产品的使用者举证证明其已支付该产品的合理对价的除外。

本条第一款所称不知道,是指实际不知道且不应当知道。

本条第一款所称合法来源,是指通过合法的销售渠道、通常的买卖合同等正常商业方式取得产品。对于合法来源,使用者、许诺销售者或者销售者应当提供符合交易习惯的相关证据。

📄 关键词

1. **合理对价**:是指与专利产品基本相当或略低于专利产品的交易价格或交易条件。(根据知识产权原理,停止侵权的民事责任,是以侵权行为成立为唯一构成要件。此条司法解释将"合理对价"规定为停止侵权的例外情形,实际上是变相增加了停止侵权的构成要件。这种规定是否符合知识产权侵权责任的基本理论,值得探讨。)

2. 实际不知道且不应当知道。不明知和不应知,即实然和应然两种情况。

3. 符合交易习惯。在认定被告提交的证据是否足以认定具有合法来源时,应考虑被告所处行业的性质和特征,不能脱离被告的生产经营实际来要求被告举出其日常经营中根本不会产生的证据,比如对小批量、低金额、不定期进货的被告要求其举出格式规范的购销合同和加盖公章的发票等,就可能超出了被告的举证能力和经营实际。本条对"符合交易习惯"的强调,似乎在一定程度上调整了之前通过司法裁判倒逼经营者规范进货手续的价值取向,值得审判人员注意。

应注意的问题

1. 法院不应主动适用"合法来源"。"合法来源"是法律赋予被控产品的使用者、销售者用以对抗专利权人请求权的一种抗辩权。因此,基于抗辩权的性质,法院不应主动适用"合法来源"条款,而应以使用者、销售者抗辩为前提。本条解释将"合理对价""合法来源"等要素的举证责任分配给使用者、销售者,从侧面也证明了这一点。

2."合理对价"的判断。实践中可从相反方向进行判断,即是否过分低于同类产品的市场价格,可以30%为界线;是否过分低于被控产品的通常销售价格。举证责任在于使用者、销售者。

3. **合法来源的判断标准。**本条说明在司法实践中对于合法来源的证明标准,取决于特定领域的交易习惯。对于较小金额、快速交易、口头订货的行业,法院应根据该行业的交易习惯,全面审查销售者提供的来源证据,客观判断被控商品是否系通过正常商业方式取得,而不能机械地要求销售者必须举出样式规范、签章齐全的买卖合同等进货手续。

本条的立法原意

《专利法司法解释(二)》发布时,最高人民法院相关同志在答记者问时指出:"在制度本意上,设立合法来源抗辩制度是为了打击侵权源头,而制造者才是侵权的主要源头。TRIPS协议亦未要求善意使用的行为应被禁止。使用者在主观上是善意的,在客观上提供了合法来源,且在获得该侵权产品时向销售者支付了合理对价,理应阻却专利权禁止力的延伸。专利权排他性强,但不等于可以无限扩张。专利法不仅仅是专利权人的法,一味地、过分地强调专利权人单方的利益,置善意使用者的正当利益于不顾,将侵占善意使用者的合理空间,妨碍交易安全,这并非专利法第七十条的原意,也有违利益平衡的法律基本精神……《专利司法解释(二)》第二十五条所称合理对价,是指与专利产品基本相当或略低于专利产品的交易价格或交易条件。如果该对价明显低于专利产品的交易价格或条件,通常可以推定购买者应当知道所购产品并非专利产品。"

第二十六条 被告构成对专利权的侵犯,权利人请求判令其停止侵权行为的,人民法院应予支持,但基于**国家利益**、公共利益的考量,人民法院可以不判令被告停止被诉行为,而判令其支付相应的**合理费用**。

关键词

1. **国家利益**:国家在出现紧急状态或者非常情况时对专利实施的需求。

2. **合理费用**:与专利本身的价值、实施的范围和时间相符的费用。

应注意的问题

不经专利权人许可即实施专利的司法处理。这条规定与专利强制实施许可制度在内核上是相同的,均涉及不经专利权人许可即实施专利的情形,即国家利益和公共利益,**其中并不包括个人利益**,因此专利法关于强制实施许可的规定可用于理解此条司法解释:一是国家利益实际上就是国家在出现紧急状态或者非常情况时对专利实施上的需求;二是公共利益中最为重要的就是为了公共健康的目的强制实施药品专利;三是合理费用的确定主体由国务院专利行政部门变更为法院,**允许双方协商确定**,协商不成的,以专利实施范围、预计实施时间为考量因素,参照专利实施许可费用酌情确定。

相关条文

《专利法》第四十九条:"在国家出现紧急状态或者非常情况时,或者为了公共利益的目的,国务院专利行政部门可以给予实施发明专利或者实用新型专利的强制许可。"

《专利法》第五十七条:"取得实施强制许可的单位或者个人应当付给专利权人合理的使用费,或者依照中华人民共和国参加的有关国际条约的规定处理使用费问题。付给使用费的,其数额由双方协商;双方不能达成协议的,由国务院专利行政部门裁决。"

第二十七条　权利人因被侵权所受到的实际损失难以确定的,人民法院应当依照专利法第六十五条第一款的规定,要求权利人对侵权人因侵权所获得的利益进行举证;在权利人已经提供侵权人所获利益的**初步证据**,而与专利侵权行为相关的账簿、资料主要由侵权人掌握的情况下,人民法院可以**责令**侵权人提供该账簿、资料;侵权人无正当理由拒不提供或者提供虚假的账簿、资料的,人民法院可以根据权利人的主张和提供的证据**认定**侵权人因侵权所获得的利益。

关键词

1. **初步证据**:是指能够从侧面反映侵权人获利情况的证据。
2. **责令**:实质是证据开示命令,即将举示获利证据的责任分配给侵权一方。诉讼中,证据开示命令可以证据保全的方式出现。
3. **认定**:举证妨碍推定,即在侵权人拒不举证的情况下,基于权利人的主张和初步证据推定权利人所主张的侵权获益成立。

应注意的问题

　　根据本条规定,证据开示命令的作出,需以权利人初步举证证明被告的获利情况,且与专利侵权行为相关的账簿、资料主要由侵权人掌握为前提。若上述两条件不能全部成就,即便被告拒不举证,法院也无法进行证据妨碍推定。

第二十八条 权利人、侵权人依法约定专利侵权的赔偿数额或者赔偿计算方法,并在专利侵权诉讼中主张依据该约定确定赔偿数额的,人民法院应予支持。

关键词

约定专利侵权的赔偿数额或者赔偿计算方法。同人身权益一样,专利权的客体具有无形性、抽象性。专利权一旦遭受侵害,便会产生赔偿数额难以计算的问题,于是《专利法》规定了权利人因侵权所产生的损失、侵权人侵权所获得的利益、参照该专利许可使用费的倍数合理确定以及法院酌情确定四种方式来确定个案的赔偿数额。《专利司法解释(二)》第二十八条规定的权利人与侵权人约定赔偿数额或赔偿计算方法,是考虑到权利人、侵权人对涉案专利的价值以及侵害该专利所可能产生的损失最为了解的情况,从更加精准"填平"损失的角度所规定的另一种确定赔偿数额的方法。从性质上讲,属于对《专利法》规定的上述四种方法的补充。

应注意的问题

本条虽然并未对"约定"加以限定,但在专利侵权司法实践中应作限缩解释,即可用于侵权诉讼赔偿数额确定的"约定",应理解为被控侵权行为发生后双方所进行的约定,一般不包括被控行为尚未发生时所进行的约定,理由为:

(1)《专利法》规定的四种方式都是基于被控侵权行为已经发生的情况所设计的用以确定具体赔偿数额的"事后"方法,即便其中的"专利许可使用费"可能发生在被控侵权行为发生之前,但在确定赔偿数额时,法院也只是基于案件情况**参照**使用费的倍数**合理确定**,故从性质上讲,其也系"事后"方法。由于本条规定的"约定"方式属于对上述四种方式的补充,系并列的关系,故应作同样的"事后"理解。

(2)从作用上讲,《专利司法解释(二)》之所以要将权利人与侵权人的约定作为确定赔偿数额的方式之一,是为了精准"填平"损失,因此只有将"约定"限定为被控行为发生后,才能使得权利人和侵权人基于已经发生的被控行为作出精准的"约定",进而直接依据该"约定"确定赔偿数额,而非仅仅只是"参照",故此处所谓的"约定",更多属于双方对侵权损害事实的一种确定,不构成合同法意义上的意思表示一致。

如果对赔偿数额或者赔偿方式所作的约定发生在被控侵

权行为之前,则属于合同法意义上的违约金或损失计算方式,只能在合同纠纷中发挥作用,而不能在之后发生的侵权诉讼中作为赔偿数额的直接依据。

相关条文

《侵权责任法》第二十条:"侵害他人人身权益造成财产损失的,按照被侵权人因此受到的损失赔偿;被侵权人的损失难以确定,侵权人因此获得利益的,按照其获得的利益赔偿;侵权人因此获得的利益难以确定,被侵权人和侵权人就赔偿数额协商不一致,向人民法院提起诉讼的,由人民法院根据实际情况确定赔偿数额。"

《专利法》第六十五条:"侵犯专利权的赔偿数额按照权利人因被侵权所受到的实际损失确定;实际损失难以确定的,可以按照侵权人因侵权所获得的利益确定。权利人的损失或者侵权人获得的利益难以确定的,参照该专利许可使用费的倍数合理确定。赔偿数额还应当包括权利人为制止侵权行为所支付的合理开支。

权利人的损失、侵权人获得的利益和专利许可使用费均难以确定的,人民法院可以根据专利权的类型、侵权行为的性质和情节等因素,确定给予一万元以上一百万元以下的赔偿。"

第二十九条 宣告专利权无效的决定作出后,当事人根据该决定依法申请再审,请求撤销专利权无效宣告前人民法院作出但未执行的专利侵权的判决、调解书的,人民法院可以裁定中止再审审查,并中止原判决、调解书的执行。

专利权人向人民法院提供充分、有效的担保,请求继续执行前款所称判决、调解书的,人民法院应当继续执行;侵权人向人民法院提供充分、有效的反担保,请求中止执行的,人民法院应当准许。人民法院生效裁判未撤销宣告专利权无效的决定的,专利权人应当赔偿因继续执行给对方造成的损失;宣告专利权无效的决定被人民法院生效裁判撤销,专利权仍有效的,人民法院可以依据前款所称判决、调解书直接执行上述反担保财产。

关键词

1. **决定**:专利复审委员会作出的宣告涉案专利无效的行政决定。

2. **充分**:是指担保的数额足以弥补一旦据以执行的判决、调解书被撤销后,继续执行行为本身给被执行人造成的损失,以及执行回转程序尚不能追回的财产和孳息。

3. **继续执行**:专利无效不溯及已被执行的部分,因此本条规定的担保乃至赔偿仅针对继续执行尚未被执行财产的行为。

应注意的问题

1. **双中止**。根据本条,宣告专利权无效的决定一旦作出,即便未生效,当事人也可据此申请再审以中止原判决、调解书的执行;同时,在无效决定生效前,也应中止再审审查,即"双中止"。

2. **担保数额的确定**。与诉讼中的财产保全相比,本条规定的担保针对的风险更大:一是判决书、调解书一旦被撤销,整个执行行为都将丧失依据;二是执行将导致财产转移,与仅仅只是固定财产的保全相比,对被执行人的影响更大。因此,为保险起见,担保数额应不低于**待执行**的金额。

相关条文

《中华人民共和国民事诉讼法》第二百三十三条:"执行完毕后,据以执行的判决、裁定和其他法律文书确有错误,被人民法院撤销的,对已被执行的财产,人民法院应当作出裁定,责令取得财产的人返还;拒不返还的,强制执行。"

《最高人民法院关于人民法院执行工作若干问题的规定》第一百零九条:"在执行中或执行完毕后,据以执行的法律文书被人民法院或其他有关机关撤销或变更的,原执行机构应依当事人申请或依职权,按照新的生效法律文书,作出执行回转的裁定,责令原申请执行人返还已取得的财产及其孳息。拒不返还的,强制执行。执行回转应重新立案,适用执行程序的有关规定。"

第三十条 在法定期限内对宣告专利权无效的决定不向人民法院起诉或者起诉后生效裁判未撤销该决定,当事人根据该决定依法申请再审,请求撤销宣告专利权无效前人民法院作出但未执行的专利侵权的判决、调解书的,人民法院应当再审。当事人根据该决定,依法申请终结执行宣告专利权无效前人民法院作出但未执行的专利侵权的判决、调解书的,人民法院应当裁定终结执行。

关键词

1. **法定期限**:自收到专利复审委员会的无效宣告决定书之日起的三个月。

2. **决定**:指已经生效的宣告专利权无效决定。

应注意的问题

1. 本条依据的是已生效的专利权无效宣告决定;本条针

对的是法院作出但未执行的判决、调解书。专利权无效决定对已经被执行的法院裁判不具有溯及力。

2. 根据对本条字面含义的理解,终结执行申请是以生效的宣告专利权无效决定为前提,无需等待再审结果。

相关条文

《专利法》第四十六条第二款:"对专利复审委员会宣告专利权无效或者维持专利权的决定不服的,可以自收到通知之日起三个月内向人民法院起诉。人民法院应当通知无效宣告请求程序的对方当事人作为第三人参加诉讼。"

第三十一条 本解释自2016年4月1日起施行。最高人民法院以前发布的相关司法解释与本解释不一致的,以本解释为准。